Preeti Rathi

Python Unlocked: Estratégias avançadas de programação

Preeti Rathi

Python Unlocked: Estratégias avançadas de programação

ScienciaScripts

Cover image: www.ingimage.com

This book is a translation from the original published under ISBN 978-620-7-48665-6.

Publisher:
Sciencia Scripts
is a trademark of
Dodo Books Indian Ocean Ltd. and OmniScriptum S.R.L publishing group

120 High Road, East Finchley, London, N2 9ED, United Kingdom
Str. Armeneasca 28/1, office 1, Chisinau MD-2012, Republic of Moldova, Europe
Managing Directors: Ieva Konstantinova, Victoria Ursu
info@omniscriptum.com

Printed at: see last page
ISBN: 978-620-8-53112-6

Conteúdo

Capítulo 1

Tratamento de ficheiros

1.1 Introdução

Em Python, os ficheiros são utilizados para armazenar e manipular dados de forma permanente ou temporária. Python fornece uma função **open()** incorporada para trabalhar com ficheiros. É possível abrir um ficheiro em diferentes modos, como o modo de leitura ('**r**'), o modo de escrita ('**w**'), o modo de anexação ('**a**') e o modo binário ('**b**'). A leitura de um ficheiro é feita utilizando métodos como **read()**, **readline()**, ou **readlines()**, que lêem o ficheiro inteiro, uma única linha, ou todas as linhas, respetivamente. A escrita para um ficheiro é feita utilizando o método **write()**. É importante fechar corretamente um ficheiro após a leitura ou escrita utilizando o método **close()** para libertar recursos do sistema. Em alternativa, pode utilizar a instrução **with** para fechar automaticamente o ficheiro quando o bloco de código no seu interior sair. Python também suporta objectos tipo ficheiro, que são objectos que se comportam como ficheiros e podem ser utilizados com funções que aceitam objectos ficheiro. No geral, as capacidades de manipulação de ficheiros do Python são versáteis e eficientes, facilitando o trabalho com vários tipos de ficheiros para armazenamento e processamento de dados.

1.2 Tipos de ficheiros

Em Python, existem vários tipos de ficheiros com os quais pode trabalhar. Abaixo estão alguns tipos comuns:

- Ficheiros de texto (*.txt)
- Ficheiros binários (por exemplo, *.jpg, *.pdf)

- Ficheiros CSV (*.csv)
- Ficheiros JSON (*.json)
- Ficheiros XML (*.xml)
- Ficheiros de bases de dados SQLite (*.db)

Estes são apenas alguns exemplos de tipos de ficheiros com os quais pode trabalhar em Python. A biblioteca padrão do Python e os pacotes de terceiros fornecem suporte para muitos outros formatos de ficheiros e mecanismos de armazenamento de dados.

Ficheiros de texto (*.txt)

Os ficheiros de texto (***.txt**) são ficheiros que contêm sequências de caracteres, normalmente texto legível por humanos. Estes ficheiros podem ser abertos e manipulados utilizando a função **open()** incorporada. Ao abrir um ficheiro de texto, pode especificar o modo em que pretende abri-lo, como o modo de leitura ('**r**'), o modo de escrita ('**w**'), o modo de anexação ('**a**') ou uma combinação destes modos.

Para ler a partir de um ficheiro de texto, pode utilizar métodos como **read()**, **readline()**, ou **readlines()**. O método **read()** lê o ficheiro inteiro como uma única cadeia de caracteres, **readline()** lê uma única linha do ficheiro e **readlines()** lê todas as linhas e devolve-as como uma lista de cadeias de caracteres.

Para escrever para um ficheiro de texto, pode utilizar o método **write()**. Este método escreve uma cadeia de caracteres no ficheiro. Se o ficheiro não existir, será criado. Se o ficheiro já existir e for aberto em modo de escrita ('**w**'), o seu conteúdo anterior será substituído.

É importante fechar corretamente um ficheiro de texto após a leitura ou escrita utilizando o método **close()** para libertar recursos do sistema. Em alternativa, pode utilizar a instrução **with** para fechar automaticamente o ficheiro quando o bloco de código no seu interior sair. Python também suporta a leitura e escrita em ficheiros de texto utilizando objectos do tipo ficheiro, que se comportam como ficheiros e podem ser utilizados com funções que aceitam objectos de ficheiro. Em geral, os ficheiros de texto em Python fornecem uma forma simples e eficaz de armazenar e manipular dados baseados em texto.

Abaixo está um exemplo que demonstra como ler a partir de um ficheiro de texto (**example.txt**) e escrever noutro ficheiro de texto (**output.txt**) em Python:

```
# Ler a partir de um ficheiro de texto
com open('exemplo.txt', 'r') as file:
linhas = ficheiro.readlines()
# Escrever para um ficheiro de texto
com open('output.txt', 'w') as file:
para linha em linhas:
# Processar a linha (por exemplo, converter para maiúsculas)
linha_processada = linha.superior()
# Escrever a linha processada no ficheiro de saída
file.write(processed_line)
print("Ficheiro processado com sucesso!")
```

Neste exemplo, o ficheiro **example.txt** é aberto em modo de leitura ('**r**') utilizando uma instrução **with**, e o seu conteúdo é lido numa lista chamada **linhas** utilizando o método **readlines()**. Em seguida, um novo ficheiro **output.txt** é aberto em modo de escrita ('**w**') utilizando uma instrução **with**. Cada linha da lista **lines** é processada (convertida para maiúsculas, neste caso) e escrita no ficheiro **output.txt** utilizando o método **write()**.

Após os blocos **com**, os ficheiros são automaticamente fechados. Se o ficheiro **example.txt** tiver o seguinte conteúdo:

```
Olá
mundo
```

O ficheiro **output.txt** conterá:

```
OLÁ
MUNDO
```

Ficheiros binários (por exemplo, *.jpg, *.pdf)

Os ficheiros binários são ficheiros que contêm dados num formato que não é legível por humanos. Exemplos de ficheiros binários incluem ficheiros de imagem (por exemplo, ***.jpg**, ***.png**), documentos PDF (***.pdf**), ficheiros executáveis, entre outros. Ao contrário dos ficheiros de texto, que armazenam dados como uma sequência de caracteres, os ficheiros binários armazenam dados num formato específico do tipo de ficheiro e requerem um tratamento especial para leitura e escrita.

Para trabalhar com ficheiros binários em Python, pode utilizar a função **open()** incorporada com o modo apropriado ('**rb**' para ler, '**wb**' para escrever, '**ab**' para anexar) para abrir o ficheiro. Ao ler a partir de um ficheiro binário, pode utilizar o método **read()** para ler um número especificado de bytes, ou o ficheiro inteiro se não for especificado um tamanho. Ao escrever para um ficheiro binário, pode utilizar o método **write()** para escrever dados binários no ficheiro.

Eis um exemplo que demonstra como ler a partir de um ficheiro binário (**example.jpg**) e escrever o seu conteúdo noutro ficheiro binário (**output.jpg**):

```
# Ler a partir de um ficheiro binário
```

```
com open('example.jpg', 'rb') as file:
dados = ficheiro.read()
#  Escrever para um ficheiro binário
com open('output.jpg', 'wb') as file:
file.write(data)
print("Ficheiro copiado com sucesso!")
```

No exemplo acima, o ficheiro **example.jpg** é aberto em modo binário de leitura ('**rb**') utilizando uma instrução **with**, e o seu conteúdo é lido numa variável chamada **data** utilizando o método **read()**. Em seguida, um novo ficheiro **output.jpg** é aberto em modo binário de escrita ('**wb**') utilizando uma instrução **with**, e a variável **data** é escrita no ficheiro **output.jpg** utilizando o método **write()**.

Após os blocos **com**, os ficheiros são automaticamente fechados. Este exemplo demonstra uma operação simples de cópia de ficheiros binários, mas existem muitas outras operações e manipulações que pode efetuar em ficheiros binários, dependendo dos seus requisitos específicos.

Ficheiros CSV (*.csv)

Os ficheiros CSV (Comma-Separated Values) são um formato de ficheiro comum utilizado para armazenar dados tabulares, em que cada linha do ficheiro corresponde a uma linha na tabela e as colunas são separadas por vírgulas (ou outros delimitadores). Python fornece várias formas de trabalhar com ficheiros CSV, incluindo o módulo **csv** incorporado.

Para ler a partir de um ficheiro CSV em Python, pode utilizar a classe **csv.reader**, que lhe permite iterar sobre as linhas no ficheiro CSV. Para escrever num ficheiro CSV, pode utilizar a classe **csv.writer**, que lhe permite escrever linhas de dados no ficheiro.

Eis um exemplo que demonstra como ler a partir de um ficheiro CSV (**example.csv**) e escrever o seu conteúdo noutro ficheiro CSV (**output.csv**):

```
import csv
# Ler a partir de um ficheiro CSV
com open('example.csv', 'r') as csvfile:
csvreader = csv.reader(csvfile)
linhas = lista(csvreader)
# Escrever para um ficheiro CSV
com open('output.csv', 'w', newline='') as csvfile:
csvwriter = csv.writer(csvfile)
csvwriter.writerows(rows)
print("Ficheiro copiado com sucesso!")
```

No exemplo acima, o ficheiro **example.csv** é aberto em modo de leitura ('**r**') utilizando uma instrução **with**, e o seu conteúdo é lido numa lista de linhas utilizando a classe **csv.reader**. Em seguida, um novo ficheiro **output.csv** é aberto em modo de escrita ('**w**') utilizando uma instrução **with**, e as linhas são escritas no ficheiro **output.csv** utilizando a classe **csv.writer**.

Após os blocos **with**, os ficheiros são automaticamente fechados. Este exemplo demonstra uma operação simples de cópia de ficheiro para ficheiros CSV, mas o módulo **csv** fornece muitas outras funcionalidades para ler e escrever ficheiros CSV, como o tratamento de diferentes delimitadores, caracteres de aspas e muito mais.

Ficheiros JSON (*.json)

Os ficheiros JSON (JavaScript Object Notation) são um formato de ficheiro popular para armazenar e trocar dados, especialmente no desenvolvimento Web. O JSON é um formato leve que é fácil de ler e escrever, tanto para humanos como para máquinas. Python fornece suporte integrado para trabalhar com ficheiros JSON através do módulo **json**.

Para ler a partir de um ficheiro JSON em Python, pode utilizar a função **json.load()**, que lê dados de um ficheiro JSON e analisa-os num dicionário Python. Para escrever para um ficheiro JSON, pode utilizar a função **json.dump()**, que serializa um dicionário Python para o formato JSON e escreve-o num ficheiro.

Abaixo está um exemplo que demonstra como ler a partir de um ficheiro JSON (**example.json**) e escrever o seu conteúdo noutro ficheiro JSON (**output.json**):

```
importar json
# Ler a partir de um ficheiro JSON
com open('example.json', 'r') as jsonfile:
dados = json.load(jsonfile)
# Escrever para um ficheiro JSON
com open('output.json', 'w') as jsonfile:
json.dump(data, jsonfile)
print("Ficheiro copiado com sucesso!")
```

No exemplo acima, o ficheiro **example.json** é aberto em modo de leitura ('**r**') utilizando a instrução **with**, e o seu conteúdo é carregado num dicionário **de dados** Python utilizando a função **json.load()**. Em seguida, um novo ficheiro **output.json** é aberto em modo de escrita ('**w**') utilizando uma instrução **with**, e o dicionário **de dados** é serializado para o formato JSON e escrito no ficheiro **output.json** utilizando a função **json.dump()**.

Após os blocos **with**, os ficheiros são automaticamente fechados. O módulo **json** do Python fornece muitas outras funções para trabalhar com dados

JSON, tais como **json.loads()** para analisar cadeias de caracteres JSON em objectos Python e **json.dumps()** para serializar objectos Python em cadeias de caracteres JSON.

Ficheiros XML (*.xml)

Os ficheiros XML (eXtensible Markup Language) são utilizados para armazenar e transportar dados. Python fornece várias formas de trabalhar com ficheiros XML, incluindo o módulo **xml.etree.ElementTree** incorporado e a biblioteca **lxml** de terceiros, que é uma extensão do módulo **ElementTree** com funcionalidades adicionais e melhorias de desempenho.

Para trabalhar com ficheiros XML em Python utilizando o módulo **xml.etree.ElementTree**, pode analisar um ficheiro XML utilizando a função **ElementTree.parse()**, que devolve um objeto **ElementTree** que representa a estrutura XML. Pode então percorrer a árvore XML e aceder a elementos e atributos utilizando os métodos e propriedades do objeto Element.

Segue-se um exemplo que demonstra como ler a partir de um ficheiro XML (**example.xml**) e escrever o seu conteúdo noutro ficheiro XML (**output.xml**):

```
importar xml.etree.ElementTree como ET
# Analisar um ficheiro XML
árvore = ET.parse('example.xml')
root = tree.getroot()
# Escrever para um ficheiro XML
tree.write('output.xml')
print("Ficheiro copiado com sucesso!")
```

No exemplo acima, o ficheiro **example.xml** é analisado utilizando a função **ET.parse()** e o elemento raiz da árvore XML é obtido utilizando o método **getroot()**. Em seguida, toda a árvore XML é escrita no ficheiro **output.xml** utilizando o método **write()** do objeto **ElementTree**.

O módulo **xml.etree.ElementTree** fornece muitas outras funções e classes para trabalhar com dados XML, tais como a criação de novos elementos XML, a modificação de elementos existentes e a pesquisa de elementos utilizando expressões XPath.

Ficheiros de bases de dados SQLite (*.db)

O SQLite é um sistema de gestão de bases de dados relacionais (RDBMS) leve que é frequentemente utilizado para armazenamento local em aplicações Python. As bases de dados SQLite são armazenadas num único ficheiro, tornando-as fáceis de gerir e transportar. Python inclui suporte integrado para SQLite através do módulo **sqlite3**, que permite interagir com bases de dados SQLite usando consultas SQL.

Para trabalhar com ficheiros de base de dados SQLite em Python, pode utilizar a função **sqlite3.connect()** para se ligar a um ficheiro de base de dados SQLite. Uma vez ligado, pode executar consultas SQL utilizando o método **cursor.execute()** e obter resultados utilizando o método **cursor.fetchall()**.

Abaixo está um exemplo que demonstra como criar um ficheiro de base de dados SQLite (**example.db**), criar uma tabela, inserir dados na tabela e consultar os dados:

```
importar sqlite3
#  Ligar ao ficheiro da base de dados SQLite
conn = sqlite3.connect('example.db')
cursor = conn.cursor()
#  Criar uma tabela
cursor.execute('''CREATE TABLE IF NOT EXISTS users
```

```
(id INTEGER PRIMARY KEY, name TEXT, age INTEGER)''')
# Inserir dados na tabela
cursor.execute("INSERT INTO utilizadores (nome, idade) VALUES ('Alice',
30)")
cursor.execute("INSERT INTO users (name, age) VALUES ('Bob', 25)")
cursor.execute("INSERT INTO users (name, age) VALUES ('Charlie', 35)")
# Consultar os dados
cursor.execute("SELECT * FROM users")
linhas = cursor.fetchall()
para linha em linhas:
imprimir(linha)
# Confirmar as alterações e fechar a ligação
conn.commit()
conn.close()
print("Operações da base de dados concluídas com êxito!")
```

No exemplo acima, um ficheiro de base de dados SQLite **example.db** é criado e ligado utilizando a função **sqlite3.connect()**. É criada uma tabela **users**, caso não exista, e os dados são inseridos na tabela utilizando instruções SQL **INSERT**. Finalmente, os dados são consultados utilizando uma instrução **SELECT** e os resultados são impressos na consola.

O módulo **sqlite3** fornece muitas outras funções e métodos para trabalhar com bases de dados SQLite, como a criação de índices, a atualização e eliminação de dados e o trabalho com transacções.

1.3 Operações de ficheiros

Em Python, pode executar várias operações de ficheiros, incluindo a criação, escrita, adição, inserção, eliminação, atualização e modificação de dados.

Aqui está uma breve visão geral de como efetuar estas operações:

- **Criação de ficheiros:** Para criar um novo ficheiro, pode utilizar a função **open()** com o modo **'w'** (modo de escrita). Por exemplo:

```
com open('new_file.txt', 'w') as file:
file.write(Olá, Mundo!')
```

- **Escrita em ficheiros:** Para escrever para um ficheiro, pode utilizar o método **write()** do objeto file. Por exemplo:

```
com open('ficheiro_existente.txt', 'w') as file:
ficheiro.write('Novo conteúdo')
```

- **Anexação de ficheiros:** Para anexar dados a um ficheiro existente, pode utilizar o modo **'a'** (modo de anexação) na função **open()**. Por exemplo:

```
com open('ficheiro_existente.txt', 'a') as file:
file.write(' Conteúdo anexado')
```

- **Inserção:** Em Python, não é possível inserir dados diretamente numa posição específica de um ficheiro. Em vez disso, normalmente lê-se o ficheiro, modifica-se os dados na memória e, em seguida, escreve-se os dados modificados de volta para o ficheiro.
- **Eliminação:** Para apagar um ficheiro, pode utilizar a função **os.remove()** do módulo **os.** Por exemplo:

```
importar os
os.remove('ficheiro_para_eliminar.txt')
```

- **Atualização:** Para atualizar o conteúdo de um ficheiro, normalmente lê-se o ficheiro, modifica-se os dados na memória e, em seguida, escreve-se os dados modificados de volta no ficheiro.
- **Modificação de dados:** Para modificar dados num ficheiro, normalmente lê-se o ficheiro, modifica-se os dados na memória e, em seguida, escreve-se os dados modificados de volta no ficheiro.

Abaixo está um exemplo que demonstra várias operações de ficheiros em Python, incluindo a criação de ficheiros, escrita, adição, inserção, eliminação, atualização e modificação de dados:

```
# Criação e escrita de ficheiros
com open('exemplo.txt', 'w') as file:
file.write("Olá, Mundo!\n")
# Anexação de ficheiros
com open('exemplo.txt', 'a') as file:
file.write("Este é um exemplo de operações de ficheiros.\n")
# Leitura de ficheiros
com open('exemplo.txt', 'r') as file:
conteúdo = ficheiro.read()
print("Conteúdo do ficheiro:")
imprimir(conteúdo)
# Inserção de ficheiro num número de linha específico
linhas_a_inserir = ["Linha 1", "Linha 2"]
com open('exemplo.txt', 'r') as file:
linhas = ficheiro.readlines()
lines.insert(1, lines_to_insert[0] + '\n')
lines.insert(2, lines_to_insert[1] + '\n')
com open('exemplo.txt', 'w') as file:
file.writelines(lines)
# Eliminação de ficheiros de um número de linha específico
número_de_linha_a_eliminar = 3
com open('exemplo.txt', 'r') as file:
linhas = ficheiro.readlines()
```

```
del linhas[número_linha_a_eliminar - 1]
com open('exemplo.txt', 'w') as file:
file.writelines(lines)
#  Atualização de ficheiros e modificação de dados
número_de_linha_a_actualizar = 2
new_line_data = "Esta é a linha actualizada.\n"
com open('exemplo.txt', 'r') as file:
linhas = ficheiro.readlines()
linhas[número_linha_a_actualizar - 1] = novos dados_linha
com open('exemplo.txt', 'w') as file:
file.writelines(lines)
#  Leitura de ficheiros após modificações
com open('exemplo.txt', 'r') as file:
conteúdo = ficheiro.read()
print("\nConteúdo do ficheiro após modificações:")
imprimir(conteúdo)
```

Neste exemplo, o programa cria um ficheiro **example.txt** e escreve nele algum conteúdo inicial e, em seguida, acrescenta conteúdo adicional ao ficheiro. Depois disso, lê o ficheiro e imprime o seu conteúdo. Insere duas linhas em números de linha específicos no ficheiro e elimina uma linha específica do ficheiro. Em seguida, actualiza o conteúdo de uma linha específica. E, por fim, lê novamente o ficheiro após todas as modificações para mostrar o conteúdo final.

A. Perguntas de escolha múltipla

Selecionar a resposta mais adequada às seguintes perguntas:

1. A que se refere o termo "anexar" nas operações de ficheiros?

A) Ler dados de um ficheiro

B) Escrever dados no fim de um ficheiro

C) Eliminar dados de um ficheiro

D) Modificar dados num ficheiro

2. Qual é o objetivo da operação de inserção no tratamento de ficheiros?

A) Adicionar dados a uma localização específica num ficheiro

B) Eliminar dados de um ficheiro

C) Atualização de dados existentes num ficheiro

D) Modificar dados num ficheiro

3. Que operação de ficheiro é utilizada para remover dados de um ficheiro?

A) Eliminação

B) Atualização

C) Modificação

D) Criação

4. Quando se utilizam operações de ficheiros, a que se refere o termo "modificação de dados"?

A) Ler dados de um ficheiro

B) Escrever dados num ficheiro

C) Alterar dados existentes num ficheiro

D) Criar um novo ficheiro

5. Qual é o objetivo da operação de eliminação no tratamento de ficheiros?

A) Adicionar dados a um ficheiro

B) Remoção de dados de um ficheiro

C) Alterar dados num ficheiro

D) Ler dados de um ficheiro

6. Que operação de ficheiro envolve a adição de novos dados a uma localização específica dentro de um ficheiro existente?

A) Criação

B) Escrita

C) Anexar

D) Inserção

7. Que tipo de operação de ficheiro envolve a modificação de dados que já existem num ficheiro?

A) Criação

B) Escrita

C) Anexar

D) Atualização

8. Escreve a resposta ao seguinte

1. Descrever os diferentes tipos de ficheiros habitualmente utilizados na programação e dar exemplos de cada tipo.
2. Como é que as operações de ficheiros, como a criação, a escrita e a anexação, diferem umas das outras? Dê exemplos para ilustrar a sua explicação.
3. Descreva uma situação em que utilizaria a operação de inserção no tratamento de ficheiros. Explique passo a passo como implementaria esta operação no seu código.
4. Discuta os desafios associados às operações de ficheiros, como a eliminação e a atualização. Como resolveria estes desafios nos seus projectos de programação ?
5. Explicar como as operações de ficheiros são utilizadas para gerir

eficazmente os dados na programação. Dar exemplos de como aplicar as operações de ficheiros num cenário prático.

6. Descreva o processo de atualização de dados num ficheiro. Inclua as etapas envolvidas e as precauções que tomaria para garantir a integridade dos dados.

Referências:

Livros:

1. "Learning Python" de Mark Lutz - Um guia completo para a programação em Python, incluindo capítulos sobre operações com ficheiros e manipulação de dados.

2. "Python for Data Analysis" de Wes McKinney - Centra-se na utilização de Python para tarefas de análise de dados, abrangendo extensivamente as operações com ficheiros e a manipulação de dados.

Sítios Web:

1. GeeksforGeeks Python File Handling - Fornece tutoriais e exemplos sobre várias operações de ficheiros em Python.

2. Documentação Python - Documentação oficial que abrange operações de ficheiros em Python, incluindo métodos para criação, escrita, adição, eliminação, atualização e modificação de dados em ficheiros.

Capítulo 2

Programação orientada para objectos (OOP)

2.1 Introdução à OOP

A Programação Orientada para Objectos (POO) é um paradigma de programação que gira em torno do conceito de classes e objectos. Python, sendo uma linguagem orientada a objetos, fornece ferramentas poderosas para implementar conceitos de OOP. Neste capítulo, vamos explorar os conceitos básicos de POO em Python, incluindo a criação de classes e objectos, construtores, herança, métodos e atributos de classe incorporados, herança multinível e múltipla, sobreposição de métodos, abstração de dados, encapsulamento, polimorfismo e tratamento de excepções.

Classes e objectos

Em Python, é possível criar classes e objectos para implementar os princípios da programação orientada para objectos (OOP). A classe é um rascunho para a criação de objectos. Os objectos são instâncias de classes, e as classes definem as propriedades (atributos) e os comportamentos (métodos) que os objectos terão. Aqui está uma explicação mais detalhada de como criar e utilizar uma classe em Python:

```
# De/ine o simple class
classe MyClass:
#    Atributo Cttiss
variável de classe = "variável de classe lana"
#    atributos iniciais do iter / instância def        init        (self, instancevariable);
self.in$tance_variable =  instance_variable
Д Método de instância
def instancejnethod(self):
return f "Eu sou um método de instância de {self .insta riceva ri able}"
```

```
#   criar uma instância do ctass
ny_instance = Hyclass(instance_variable= "my_instance")
Λ Aceder a atributos de classe e de instância
print(Hyclass.clas5_vartable) # Aceder ao atributo de classe
print(my_instance.instancevariable) # Aceder ao atributo da instância
#   chamar o método de instância
pri nt(my_in stance.!nstancejnethod())
#   кои também pode modificar atributos
my_in$tance.instance_vai "iable = "modified! nstance"
pr int(iny_i nstance. instan ce_method( ) )
```

Saída:

Eu sou uma variável de classe

minha instância

Eu sou um método de instância de myinstance

Eu sou um método de instância de uma instância modificada

Neste exemplo:

- **MyClass** é a classe, e **myinstance** é uma instância dessa classe.
- **A variável de classe** é um atributo de classe, partilhado por todas as instâncias da classe.
- O **init** é o construtor e é chamado quando um objeto é criado. Inicializa o atributo **de instância instance_variable**.
- **O método de instância** é um método de instância, que pode ser chamado em instâncias da classe.

Ao criar uma instância de uma classe, passa os argumentos necessários ao construtor (neste caso, **instance_variable**). É possível aceder a atributos e chamar métodos utilizando a notação de ponto.

Eis outro exemplo para o ajudar a compreender os princípios básicos da criação de uma classe e de um objeto:

```
#   Definir uma classe simples
classe Cão:
#   Atributo de classe
espécie = "Canis familiaris"
#   Atributos do inicializador / da instância
def init        (self, nome, idade):
self.name = nome
self.age = idade
#   Método de instância
def description(self):
return f'{self.name} is {self.age} years old"
#   Outro método de instância
def speak(self, sound):
return f'{self.name} diz {sound}"
#   Criar uma instância da classe Cão
```

Neste exemplo:

- **Dog** é a classe, e **my_dog** é uma instância dessa classe.
- A classe tem um atributo de classe **species** que é partilhado por todas as instâncias da classe.
- O **init** é o construtor e é chamado quando um objeto é criado. Inicializa os atributos de instância **nome** e **idade**.
- **description** e **speak** são métodos de instância, que podem ser chamados em instâncias da classe.

É possível criar vários objectos da mesma classe, cada um com o seu próprio conjunto de atributos. Por exemplo:

2.3Herança

A herança em Python é um mecanismo em que uma nova classe deriva atributos e métodos de uma classe existente. A nova classe é chamada de subclasse ou classe filha, e a classe existente é chamada de classe base ou classe pai.

Sintaxe

A sintaxe da herança simples em Python é a seguinte:

Classe BaseClass:

{Corpo}

Classe DerivedClass(BaseClass):

{Corpo}

Criação de uma classe pai

Uma classe-mãe é uma classe cujas propriedades são herdadas pela classe-filha. Vamos criar uma classe pai chamada **Pessoa** que tem um método **Exibir** para mostrar as informações da pessoa.

```
# Zi programa Python para demonstrar a herança da classe Person(object):
# Construtor def init (selfj nome, id):
self.name = name self.id = id
# Para verificar se esta pessoa é um cliente def Display(self):
print(self.name, self.id)
# Código do condutor
cust = Person("Henry", 102) # Um objeto de Person cust.DisplayO
```

Saída:

Henrique 102

Criação de uma classe filha

Uma classe filha é uma classe que recebe as propriedades da sua classe mãe. Aqui, **Cliente** é outra classe que vai herdar as propriedades da classe

Pessoa (classe base).

classe Cust(Person):

def Print(self):

print("Classe Cust chamada")

Cust_details = Cust("Maria", 193)

chamando a classe-mãe -função Custdetails.Display()

Chamada da função de classe secundária Custdetails.Print()

Saída:

Maria 103

Classe de custo chamada

Tipos de herança Python

A herança é definida como o processo de herdar as propriedades da classe base para a classe filha. Existem diferentes tipos de herança:

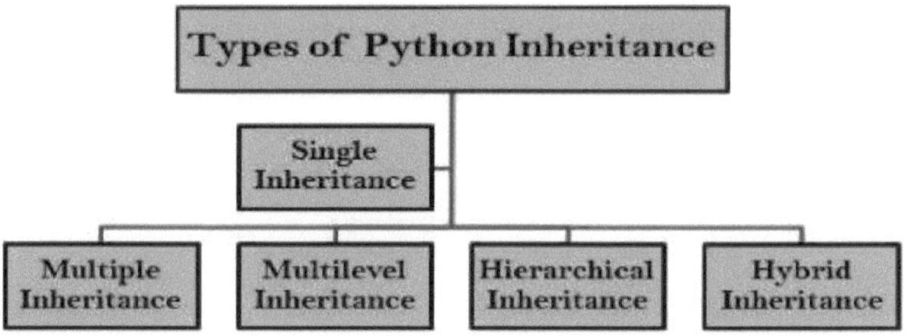

Herança única:

Na herança simples, uma subclasse herda apenas de uma classe base. Isto significa que a subclasse pode aceder a todos os atributos e métodos da classe de base, mas a classe de base não pode aceder aos da subclasse. A herança simples é a forma mais simples de herança e é normalmente utilizada para criar uma hierarquia de classes com especialização crescente.

No contexto da herança simples, a subclasse pode alargar a funcionalidade da classe de base, acrescentando novos métodos ou substituindo os métodos existentes. Por exemplo, considere uma classe de base **Animal** com um método **speak()**. Podemos então criar uma subclasse **Cão** que herda de **Animal** e pode ter os seus próprios métodos como **buscar()** ou **ladrar()**. Segue-se um exemplo:

```
classe Animal:
def speak(self):
print("O animal fala")
classe Cão(Animal):
def bark(self):
printf'O cão ladra")
#    Criar uma instância de Dog
cão = CãoO
dog.speak() # Resultado: O animai fala
dog.bark() # Saída: O cão ladra
```

Saída:

O animal fala

O cão ladra

Neste exemplo, **Dog** é a subclasse que herda da classe base **Animal**. A classe **Cão** tem o seu próprio método **ladrar()**, para além de herdar o método **falar()** de **Animal**.

Herança múltipla

A herança múltipla permite que uma subclasse herde atributos e métodos de mais do que uma classe de base. Isto significa que a subclasse pode combinar as propriedades de várias classes. Embora esta possa ser uma ferramenta poderosa, também pode levar à complexidade, uma vez que a subclasse precisa de gerir atributos e métodos potencialmente contraditórios das diferentes classes de base.

```
class Flying: def fly(self):
print("Voando")
classe Natação: def swim(self):
print("Natação")
classe Pato(Voar, Nadar): passa
pato = Pato()
duck.flyO # Saída: FLying
duck.swim() # Saída: Nadando
```

Saída:

Voar

Natação

No exemplo acima, temos três classes: **Flying**, **Swimming** e **Duck**. A classe **Voar** tem um método **fly()** que imprime "Voar", enquanto a classe Nadar tem um método **swim()** que imprime "Nadar". A classe **Pato** é uma subclasse de **Voar** e **Nadar**, herdando os seus métodos. Isto significa que uma instância de **Pato** pode tanto voar como nadar, uma vez que herda o método **voar()** de **Voar** e o método **nadar()** de **Nadar**. Quando criamos um objeto **Duck** e chamamos **fly()** e **swim()** nele, Python procura estes métodos primeiro na classe **Duck**. Uma vez que **Duck** não tem as suas próprias implementações, Python procura então nas classes pai (**Flying** e **Swimming**) e encontra os métodos lá, permitindo que as instâncias **de Duck** exibam ambos os comportamentos de voar e nadar.

Herança multinível

A herança multinível ocorre quando uma classe herda de uma classe derivada. Isto forma uma cadeia de herança. Por exemplo, considere uma classe base **Veículo**, uma classe **Carro** que herda de **Veículo** e uma classe **Carro desportivo** que herda de **Carro**. **SportsCar** teria acesso a métodos e atributos definidos em **Veículo** e **Carro**, bem como às suas próprias caraterísticas únicas.

```
classe Veículo:
def start(self):
print("O veículo arrancou")
classe Carro(Veículo):
def drive(self):
print("Carro a conduzir")
classe SportsCar(Car):
def accelerateceli ) :
print("Carro desportivo a acelerar")
sportscar = SportsCar()
sportscar.start() # Saída: Veículo iniciado
sports_car.drive() # Saída: Carro a conduzir
sportscar.accelerate() # Resultado: Carro desportivo a acelerar
```

Saída:

Veículo iniciado

Condução automóvel

Carro desportivo a acelerar

No exemplo acima, temos três classes: **Veículo**, **Carro** e **Carro desportivo**. A classe **Veículo** serve como classe base com um método **start()** que imprime "Veículo iniciado". A classe **Carro** é derivada de **Veículo** e adiciona um método **conduzir()** que imprime "Carro a conduzir". Finalmente, a classe **Carro desportivo** deriva de **Carro** e adiciona um método **acelerar()** que imprime "Carro desportivo a acelerar".

Quando criamos uma instância de **SportsCar** e chamamos os seus métodos, Python procura primeiro esses métodos na classe **SportsCar**. Se não os encontrar aí, procura na classe-mãe imediata (**Carro**) e depois na classe-mãe seguinte (**Veículo**). Esta cadeia de herança permite que as instâncias **de SportsCar** acedam a métodos definidos em **Car** e **Vehicle**, permitindo-lhes exibir comportamentos específicos de carros desportivos, carros em geral e veículos em geral.

Isto demonstra o conceito de herança a vários níveis, em que cada subclasse herda de uma classe-mãe, que por sua vez pode ser uma subclasse de outra classe, formando uma hierarquia de classes.

Herança hierárquica

A herança hierárquica envolve várias subclasses que herdam de uma única classe base. Isto permite criar uma hierarquia de classes. Por exemplo, uma classe de base **Forma** pode ter subclasses como **Círculo**, **Quadrado** e **Triângulo**, cada uma com as suas próprias propriedades e métodos únicos, embora partilhando caraterísticas comuns de **Forma**.

```
classe Forma:
def init (selfj nome):
self.name = nome
def display_info(self): print(f "Forma: {self.name}")
classe Circle(Shape):
def init (selfj nome, raio):
super(). init (nome)
self.radius = raio
def display_info(self): super().display_info() print(f "Raio: {self.radius}")
class Square(Shape): def init (self, name, sidelength)
super(). init (nome)
self.sidelength sidelength =
```

def display_info(self): superf).display_info() print(i "Comprimento do lado: {self.sidelength}")

círculo = Círculo("Círculo", 5)

quadrado = Quadrado("Quadrado", 4)

círculo.displayinfo()

sq uare.displayinfo()

Saída:

Forma: Círculo

Raio: 5

Forma: Quadrado

Comprimento lateral: 4

No exemplo acima, temos uma classe base **Shape** com as subclasses **Circle**, **Square** e **Triangle**. A classe **Shape** tem um método **__init__()** que inicializa um atributo **de nome** para a forma. Também tem um método **display_info()** que imprime o nome da forma. Cada subclasse (**Círculo**, **Quadrado** e **Triângulo**) herda de **Forma** e adiciona os seus próprios atributos e métodos. Por exemplo, a classe **Círculo** tem um método **__init__()** que inicializa um atributo **raio**, e substitui o método **display_info()** para imprimir também o raio do círculo. Da mesma forma, a classe **Quadrado** tem um método **__init__()** que inicializa um atributo **comprimento_lado**, e substitui o método **display_info()** para imprimir também o comprimento do lado do quadrado. A classe **Triângulo** pode ser definida de forma semelhante com os seus próprios atributos e métodos.

Quando criamos instâncias destas subclasses e chamamos os seus métodos **display_info()**, o Python procura primeiro estes métodos na respectiva subclasse. Se não os encontrar aí, procura na classe-mãe (**Shape**). Esta estrutura hierárquica permite que cada subclasse herde atributos e métodos comuns da **Shape**, ao mesmo tempo que adiciona as suas próprias caraterísticas únicas, demonstrando a natureza hierárquica da herança em Python.

Herança Híbrida (Diamante)

A herança híbrida é uma combinação de herança múltipla e multinível. Ela pode levar ao problema do diamante, em que um método é substituído/conflito por duas classes na hierarquia de herança. Python resolve este problema utilizando a ordem de resolução de métodos (MRO). Por exemplo, num cenário de herança em diamante onde as classes **A** e **B** herdam da classe **Base**, e a classe **C** herda de ambas **A** e **B**, a MRO do Python irá determinar a ordem pela qual os métodos são resolvidos.

```
classe Base:
def speak(self):
print("Classe base")
classe D(Base):
passar
classe E(Base):
def speak(self): printf'E class")
classe F(D, E):
passar
f = F()
f.speak() # Saída: E dass
```

Saída:

Classe E

No exemplo acima, temos uma classe base **Base** com duas subclasses **D** e **E**, e uma subclasse **F** que herda de **D** e **E**. A classe **Base** tem um método **speak()** que imprime "Classe base". A classe **D** não tem a sua própria implementação de **speak()**, pelo que herda o método **speak()** de **Base**. A classe **E**, no entanto, define o seu próprio método **speak()** que imprime "classe E".

A classe **F** herda de **D** e **E**, o que significa que tem acesso a ambos os métodos **speak()** de **D** e **E**. No entanto, uma vez que Python utiliza a ordem de resolução de métodos (MRO) para resolver conflitos de métodos na herança de diamantes, escolhe o método da primeira classe-mãe na lista de herança que define o método . Neste caso, uma vez que **D** está listado antes de **E** na lista de herança para **F**, Python escolhe o método **speak()** de **E**, e quando criamos uma instância de **F** e chamamos o seu método **speak()**, imprime "classe E".

Este exemplo demonstra como o Python lida com a resolução de métodos em cenários de herança de diamantes, garantindo que os conflitos de métodos são resolvidos com base na ordem de herança.

B. Perguntas de escolha múltipla

Selecionar a resposta mais adequada às seguintes perguntas:

1. Qual das seguintes opções descreve melhor a Programação Orientada para Objectos (OOP)?

A. Um paradigma de programação baseado em funções

B. Um paradigma de programação baseado em objectos

C. Um paradigma de programação baseado em procedimentos

D. Um paradigma de programação baseado em variáveis

2. Qual é o objetivo de um construtor em Python?

A. Para criar uma nova classe

B. Para inicializar um objeto

C. Para definir métodos de classe

D. Efetuar operações matemáticas

3. Qual das seguintes opções é um exemplo de um construtor parametrizado em Python?

A. def __init__(self):

B. def __init__(self, name):

C. def __init__():

D. def __init__(name):

4. Como é que a herança é implementada em Python?

A. Ao utilizar a palavra-chave extends

B. Ao utilizar a palavra-chave inherits

C. Utilizando a função super()

D. Ao definir uma nova classe que deriva de uma classe existente

5. Qual é o objetivo da substituição de métodos em Python?

A. Para criar um novo método numa subclasse

B. Para substituir um método existente numa superclasse

C. Para chamar um método de outra classe

D. Para ocultar um método numa superclasse

6. Qual das seguintes opções descreve melhor o encapsulamento em Python?

A. A capacidade de definir atributos privados numa classe

B. A capacidade de definir atributos públicos numa classe

C. A capacidade de definir atributos protegidos numa classe

D. A capacidade de definir atributos estáticos numa classe

7. Como é que o polimorfismo é conseguido em Python?

A. Ao utilizar a palavra-chave polymorph

B. Ao definir vários construtores numa classe

C. Ao definir vários métodos com o mesmo nome mas com parâmetros diferentes

D. Ao definir vários métodos com o mesmo nome e os mesmos parâmetros

8. Qual é o objetivo do tratamento de excepções em Python?

A. Para criar excepções num programa

B. Para tratar erros e excepções que ocorrem durante a execução do programa

C. Para evitar a ocorrência de erros num programa

D. Para apresentar mensagens de erro ao utilizador

8. Escreve a resposta ao seguinte

1. O que são métodos e atributos de classe incorporados em Python?
2. Dar exemplos de métodos e atributos de classes incorporados em Python.
3. O que é a substituição de métodos em Python?
4. Como é que a abstração de dados é conseguida em Python?
5. Definir encapsulamento e polimorfismo em Python.
6. Como é que o encapsulamento aumenta a segurança dos dados em OOP?
7. O que é o tratamento de excepções em Python?
8. Dar exemplos de como o tratamento de excepções é utilizado na OOP.

Referências:

Livros:

3. "Learning Python" de Mark Lutz - Um guia completo para a programação em Python, incluindo capítulos sobre operações com ficheiros e manipulação de dados.

4. "Python for Data Analysis", de Wes McKinney - Centra-se na utilização de

Python para tarefas de análise de dados, abrangendo extensivamente as operações com ficheiros e a manipulação de dados.

Sítios Web:

3. GeeksforGeeks Python File Handling - Fornece tutoriais e exemplos sobre várias operações com ficheiros em Python.

4. Documentação Python - Documentação oficial que abrange as operações de ficheiros em Python, incluindo métodos de criação, escrita, adição, eliminação, atualização e modificação de dados em ficheiros.

Capítulo 3

ESTRUTURAS DE CONTROLO

3.1 Introdução

No mundo da programação, a capacidade de tomar decisões e iterar através dos dados é fundamental. As instruções condicionais e os loops são construções essenciais que permitem aos programadores criar código dinâmico e eficiente. As instruções condicionais, como if, if-else, if-elif-else e if aninhado, permitem que os programas executem diferentes blocos de código com base em condições específicas. Os loops, incluindo for loops, while loops e loops aninhados, automatizam tarefas repetitivas e iteram sobre estruturas de dados, aumentando a flexibilidade e a funcionalidade do software.

Além disso, a função enumerate, juntamente com as instruções break e continue, fornece aos programadores ferramentas poderosas para controlar o fluxo de execução dentro de loops. Compreender a sequência e os objectos iteráveis, tais como listas, tuplas e dicionários, é crucial para trabalhar com dados de forma eficaz. A aleatorização adiciona um elemento de imprevisibilidade aos programas, o que é essencial para várias aplicações. Este capítulo abordará esses conceitos, fornecendo uma compreensão abrangente e exemplos práticos para aprimorar suas habilidades de programação.

3.2 Declaração condicional

Em Python, as instruções condicionais são utilizadas para tomar decisões no seu código com base em determinadas condições. As instruções condicionais mais comuns são if, elif (abreviatura de "else if") e else. Aqui está uma visão geral básica:

3.2.1 Declaração if:

Em Python, a instrução if é uma construção fundamental para introduzir a execução condicional . Permite-lhe executar um bloco de código apenas se uma condição especificada for verdadeira.

A sintaxe básica da instrução if é a seguinte:

```
se condição:
# Código a ser executado se a condição for verdadeira
```

A instrução if é utilizada para testar uma condição. Se a condição for verdadeira, o bloco de código dentro da instrução if será executado. Aqui está um exemplo simples:

```
x = 10
se x > 5:
print("x é maior que 5")
```

Neste exemplo, a condição **x > 5** é avaliada. Se for verdadeira, o bloco de código recuado por baixo da instrução **if** (neste caso, a instrução **de impressão**) será executado. Se a condição for falsa, o bloco de código será ignorado e o programa passará para a instrução seguinte após o bloco **if.**

3.2.2 Declaração if-else

Também pode utilizar a instrução **else** para especificar um bloco de código que será executado quando a condição for falsa. A instrução if-else permite-lhe executar um bloco de código se a condição for verdadeira e outro bloco se a condição for falsa:

```
X 3=
se X> 5:
print("x é maior que 5") else:
print("x não é maior que 5")
```

Saída:

```
X não é superior a 5
```

Neste exemplo, se x for maior que 5, a primeira instrução de impressão será executada; caso contrário, a instrução de impressão no bloco else será executada.

3.2.3 Declaração if-elif-else

A instrução if-elif-else é utilizada quando existem várias condições a verificar. Permite-lhe testar várias condições e executar diferentes blocos de código com base na condição que é verdadeira.

```
x = 3
se x > 5:
print("x é maior que 5")
elif x == 5:
print("x é igual a 5")
e mais:
print("x é menor que 5")
```

3.2.4 Declarações if aninhadas

Também é possível aninhar instruções if dentro de outras instruções if para criar estruturas de decisão mais complexas.

```
x = 10
se x > 5:
se x % 2 == 0:
print("x é maior que 5 e par") else:
print("x é maior que 5 mas é ímpar")
e mais:
print("x não é maior que 5")
```

Estes são os blocos de construção básicos das instruções condicionais em Python. Permitem-lhe controlar o fluxo do seu programa com base em várias condições. As instruções condicionais são cruciais para a implementação de lógica que responde a diferentes situações, permitindo a criação de programas dinâmicos e flexíveis em Python.

3.3 Laços

Em Python, os loops são utilizados para executar repetidamente um bloco de código. Existem dois tipos principais de loops: loops **for** e loops **while**.

Python fornece três formas de executar os loops. Embora todas as formas forneçam uma funcionalidade básica semelhante, diferem na sua sintaxe e no tempo de verificação de condições.

3.3.1 Loop For

O ciclo **for** é utilizado para iterar sobre uma sequência (que é uma lista, uma tupla, um dicionário, uma cadeia de caracteres ou outros tipos iteráveis). A sintaxe básica é a seguinte:

para a variável na sequência:

Código a repetir

Exemplo:

frutos = ["maçã", "banana", "cereja"] para fruto em frutos:

print(fruta)

Saída:

maçã

banana

cereja

3.3.2 Laço "While

O ciclo while é utilizado para executar repetidamente um bloco de código enquanto uma condição for verdadeira. A sintaxe básica é:

enquanto condição:

Código a repetir

Exemplo:

contagem = 0

enquanto a contagem < 5:

print(count)

contagem += 1

Saída:

0

1

2

3

4

3.3.3 Laços aninhados

Os laços aninhados em Python referem-se à situação em que um laço é colocado dentro de outro. Isto permite-lhe iterar sobre elementos numa estrutura mais complexa, como uma lista de listas ou uma matriz.

Example 1: Laço For aninhado

Exemplo de laço aninhado for i in range(3):

for j in range(2): print(f"({i}, {j})")

Saída:

(0, 0)

(0, 1)

(1, 0)

(1, 1)

(2, 0)

(2, 1)

Neste exemplo, o ciclo exterior é executado três vezes (0, 1, 2) e, para cada iteração do ciclo exterior, o ciclo interior é executado duas vezes (0, 1).

Example 2: Laço While aninhado

```
# Exemplo de laço aninhado While
i = 0
enquanto i < 3:
j = 0
enquanto j < 2:
print(f"({i}, {j})")
j += 1
i += 1
```

Saída:

```
(0, 0)
(0, 1)
(1, 0)
(1, 1)
(2, 0)
(2, 1)
```

Aqui, a estrutura é semelhante à do primeiro exemplo, mas implementada utilizando loops while.

Exemplo 3: Loop aninhado com listas

```
# Loop aninhado com listas Exemplo matrix = [
[1, 2, 3],
[4, 5, 6],
[7, 8, 9]
]
para linha na matriz:
for element in row: print(element, end- ')
```

imprimir()

Saída:

1 2 3

4 5 6

7 8 9

Este exemplo demonstra um loop aninhado iterando sobre uma lista 2D (matriz).

Os loops aninhados são úteis quando se trabalha com estruturas de dados multidimensionais ou quando é necessário efetuar operações em elementos de uma forma hierárquica. Tenha apenas em atenção o potencial aumento da complexidade temporal à medida que o número de loops aninhados aumenta.

3.3.4 Declarações Enumerate, Break, Continue

Python também fornece instruções de controlo de ciclos, como as instruções **enumerate**, **break** e **continue**.

- **Instrução Break**: Termina o ciclo e transfere o controlo para a instrução imediatamente a seguir ao ciclo.

Exemplo:

for i in range(5): if i == 3: break print(i)

Saída:

0

1

2

- **Declaração Continue**: Faz com que o loop salte o resto do seu código e passe para a próxima iteração.

Exemplo:

para i em range(5):

se i == 2: continuar

imprimir(i)

Saída:

0

4

3

4

- **Declaração de enumeração**

Enumerate() em python é uma função integrada utilizada para atribuir um índice a cada item do objeto iterável. Adiciona um ciclo aos objectos iteráveis enquanto mantém o registo do item atual e devolve o objeto numa forma enumerável. Este objeto pode ser utilizado num ciclo for para o converter numa lista, utilizando o método list().

Devolve pares da forma **(índice, elemento)**.

Exemplo:

A função Enumerate é utilizada para numerar ou indexar os membros da lista.

Suponhamos que queremos numerar o nosso mês (Jan, Feb, Marc, ...June), por isso declaramos a variável i que enumera os números enquanto m imprime o número do mês na lista.

#utilizar um ciclo for sobre uma coleção

Meses = ["Jan", "Fev", "Mar", "abril", "maio", "junho"]

for i, m in enumerate (Months): print(i,m)

utilizar as instruções break e continue

```
#for x in range (10,20):
#   se (x == 15): pausa
#   se (x % 5 == 0) : continuar
#   imprimir x
```

Saída:

0 Jan

1 Fev

2 Mar

3 abril

4 maio

5 junho

Estes são os conceitos básicos dos loops em Python. Eles fornecem uma maneira eficiente de repetir tarefas e iterar sobre estruturas de dados.

3.4 Sequência e objectos iteráveis

Em Python, os objectos sequência e iterável são conceitos fundamentais amplamente utilizados na programação. A compreensão destes conceitos é crucial para trabalhar com dados e realizar várias operações em colecções de elementos. Vamos explorar ambos os conceitos:

Objectos Iteráveis:

- Um iterável é um objeto capaz de devolver os seus elementos um de cada vez.
- Os objectos iteráveis comuns incluem listas, tuplas, cadeias de caracteres, dicionários, conjuntos, etc.
- Pode iterar sobre os elementos de um iterável utilizando um ciclo ou funções que aceitem argumentos iteráveis.

Exemplo de iteração sobre uma lista:

minha_lista = [1, 2, 3, 4, 5]

para elemento em minha_lista:

imprimir(elemento)

Exemplo de utilização de um iterável numa função:

minha_tupla = (10, 20, 30)

sum_values = sum(my_tuple)

print(soma_valores)

Iteradores Python

Em Python, um iterador é um objeto que implementa dois métodos, **__iter__()** e __next__**()**, para fornecer uma forma de iterar sobre uma sequência de elementos. Os iteradores são utilizados para representar um fluxo de dados e são normalmente utilizados em loops **for**.

Segue-se um exemplo de um iterador simples:

classe MyIterator:

def init (self, data):

self.data = dados

self.index = 0

def iter (self):

retornar auto

def seguinte(self):

if self.index < len(self.data): resultado = self.data[self.index] self.index += 1

return result

e mais:

aumentar Stopiteração

- **init (self, data)**: O construtor inicializa o iterador com o

dados fornecidos e define o índice inicial como 0.

- **iter (self)**: A função **iter** retorna o próprio objeto iterador. Ele é necessário para que um objeto seja considerado um iterador.
- **seguinte (auto)**: O **próximo** retorna o próximo elemento na tabela

sequência. Se não existirem mais elementos, levanta a exceção **StopIteration** para assinalar o fim da iteração.

Agora, pode utilizar este iterador num ciclo:

```
my_iterator = Myiterator([1, 2, 3, 4, 5])
para elemento em meu_iterador:
imprimir(elemento)
```

Esta ação produzirá resultados:

1

2

3

4

5

É importante notar que em Python, muitos objectos incorporados são iteráveis, e pode criar iteradores personalizados para os seus próprios objectos implementando os métodos **__iter__** e **__next__**. Adicionalmente, as funções **iter()** e **next()** podem ser usadas para trabalhar com iteradores explicitamente.

Eis um exemplo que utiliza as funções incorporadas **iter()** e **next():**

meu_iterador = iter([1, 2, 3, 4, 5])

enquanto Verdadeiro:

tentar:

elemento = seguinte(meu_iterador)

imprimir(elemento)

exceto StopIteration:

pausa

Iterador vs. Iterável

Listas, tuplas, dicionários e conjuntos são todos objectos iteráveis. São contentores iteráveis dos quais se pode obter um iterador.

Todos estes objectos têm um método iter() que é utilizado para obter um iterador:

Exemplo:

Devolve um iterador de uma tupla e imprime cada valor:

```
mytuple = ("janeiro", "fevereiro", "março") myit = iter(mytuple)

print(next(myit)) print(next(myit)) print(next(myit))
```

Saída:

janeiro

fevereiro

março

Mesmo as cadeias de caracteres são objectos iteráveis e podem devolver um iterador:

Exemplo

As cadeias de caracteres são também objectos iteráveis, contendo uma sequência de caracteres:

mystr = "january" myit = iter(mystr)

print(next(myit)) print(next(myit)) print(next(myit)) print(next(myit)) print(next(myit)) print(next(myit)) print(next(myit))

Saída:

j

a

n

u

a

r

y

Percorrendo um Iterador

Também podemos utilizar um loop for para iterar através de um objeto iterável:

Exemplo

Iterar os valores de uma tupla:

```
mytuple = ("janeiro", "fevereiro", "março")
para x em mytuple:
print(x)
```

Exemplo

Iterar os caracteres de uma cadeia de caracteres:

mystr = "january" (janeiro)

para x em mystr:

print(x)

O ciclo for cria efetivamente um objeto iterador e executa o método next() para cada ciclo.

Objectos de sequência:

- Uma sequência é um tipo específico de iterável que representa uma coleção ordenada de elementos.
- Os tipos de sequência comuns em Python incluem listas, tuplas e strings.

- As sequências suportam a indexação (acesso a elementos por posição) e o corte (extração de sub-sequências).

Exemplo de indexação e divisão de uma lista:

minha_lista = [10, 20, 30, 40, 50]

print(minha_lista[0]) # Aceder ao elemento no índice 0 (primeiro elemento)

print(minha_lista[1:3]) # Extrair a sub-sequência do índice 1 a 2

Exemplo de indexação de uma cadeia de caracteres:

minha_corda = "Olá, Mundo!"

print(my_string[7]) # Aceder ao carácter no índice 7

Exemplo de indexação de uma tupla:

```
minha_tupla = (1, 2, 3, 4, 5)

print(minha_tupla[2]) # Aceder ao elemento no índice 2
```

É essencial compreender a distinção entre iteráveis e sequências, uma vez que todas as sequências são iteráveis, mas nem todos os iteráveis são sequências. Por exemplo, os conjuntos e os dicionários são iteráveis mas não são sequências porque não mantêm uma ordem específica para os seus elementos.

Os objectos iteráveis representam colecções de elementos que podem ser iterados e os objectos de sequência são um tipo específico de iterável com uma coleção ordenada de elementos, suportando a indexação e o corte.

3.5 Aleatorização

A aleatorização em Python é normalmente conseguida usando o módulo **random**, que fornece funções para gerar números pseudo-aleatórios. Aqui estão algumas funções normalmente usadas para aleatorização:

1. **random()**: Retorna um número de ponto flutuante aleatório no intervalo [0.0, 1.0).

```
importar aleatório
número_aleatório = random.random()
print(número_aleatório)
```

2. **randint(a, b)**: Retorna um número inteiro aleatório do intervalo especificado [a, b].

```
importar aleatório
random_integer = random.randint(1, 10)
print(número_aleatório)
```

3. **randrange(start, stop, step)**: Devolve um elemento selecionado aleatoriamente do intervalo especificado com o passo especificado.

4. **choice(seq)**: Devolve um elemento selecionado aleatoriamente da sequência dada.

```
importar aleatório
minha_lista = [1, 2, 3, 4, 5]
random.shuffle(minha_lista)
print(minha_lista)
```

5. **sample(população, k)**: Devolve uma lista de comprimento k de elementos únicos escolhidos a partir da sequência da população.

```
importar aleatório
minha_população = [1, 2, 3, 4, 5]
random_sample = random.sample(my_population, 3)
print(amostra_aleatória)
```

Lembre-se que o módulo random gera números pseudo-aleatórios baseados em uma semente inicial. Se você precisa de uma sequência diferente de números aleatórios cada vez que você executa seu programa, você pode querer usar **random.seed()** com um valor de semente variável, ou simplesmente confiar na semente padrão do sistema.

```
importar aleatório

#  Semente com a hora atual

aleatório.semente()

#  Gerar um número aleatório

número_aleatório = random.random()

print(número_aleatório)
```

Tenha em atenção que estas funções não são adequadas para fins criptográficos. Se precisar de números aleatórios criptograficamente seguros, considere a utilização do módulo **secrets** em Python.

3.6 Resumo do capítulo

- As instruções condicionais como if, if-else, if-elif-else e if aninhado permitem aos programadores executar blocos específicos de código com base em condições, melhorando as capacidades de tomada de decisão dos programas.
- Os loops, incluindo os loops for, while e os loops aninhados, automatizam tarefas repetitivas e iteram sobre estruturas de dados, melhorando a eficiência e a funcionalidade do software.
- A função enumerate, juntamente com as instruções break e continue, fornece aos programadores um controlo adicional sobre os loops, permitindo-lhes iterar sobre sequências enquanto mantêm o registo dos índices e manipulam seletivamente o comportamento do loop.
- A aleatorização adiciona um elemento de imprevisibilidade aos programas, permitindo-lhes simular cenários do mundo real e gerar dados aleatórios para várias aplicações.

Perguntas de revisão

C. Perguntas de escolha múltipla

Selecionar a resposta mais adequada às seguintes perguntas:

1. Qual é o objetivo das declarações condicionais na programação?

A) Para repetir um bloco de código

B) Tomar decisões com base nas condições

C) Para iterar sobre uma sequência

D) Para armazenar dados na memória

2. Qual das seguintes é uma sintaxe correta para uma declaração if-else em Python?

A) se condição:

bloco de código

e mais:

bloco de código

B) se a condição

bloco de código

senão

bloco de código

C) se a condição

bloco de código

elif condição

bloco de código

senão

bloco de código

D) se condição:

bloco de código

condição elseif:

bloco de código

e mais:

bloco de código

3. Qual é o objetivo da instrução break num ciclo?

A) Para saltar o resto do código no ciclo e continuar com a iteração seguinte

B) Para sair do ciclo imediatamente

C) Para continuar para a próxima iteração do ciclo

D) Para terminar o programa

4. Que afirmação é verdadeira sobre os loops aninhados?

A) Não são permitidos nas linguagens de programação

B) Só podem ser utilizados com loops while

C) São constituídos por um laço dentro de outro

D) São utilizados para declarações condicionais

5. Qual é o objetivo da função enumerate em Python?

A) Para criar uma lista de números

B) Para iterar sobre uma sequência e manter o registo do índice

C) Para converter uma lista numa tupla

D) Para inverter uma lista

8. Escreve a resposta ao seguinte

1 . Desenvolva um programa que pergunte ao utilizador a sua idade e imprima mensagens diferentes com base na faixa etária (por exemplo, criança, adolescente, adulto).

2 Desenvolver um programa que peça um número ao utilizador e imprima uma tabela de multiplicação para esse número, utilizando um ciclo for.

3 Desenvolver um programa que utilize uma tupla para armazenar os

nomes dos meses e os imprima por ordem inversa.

4 Escreva um programa Python que gere um número aleatório entre 1 e 10 e peça ao utilizador para adivinhar o número.

5 Desenvolver um programa que baralhe uma lista de números utilizando o módulo aleatório.

Referências:

Livros:

5. "Learning Python" de Mark Lutz - Um guia completo para a programação em Python, incluindo capítulos sobre operações com ficheiros e manipulação de dados.

6. "Python for Data Analysis", de Wes McKinney - Centra-se na utilização de Python para tarefas de análise de dados, abrangendo extensivamente as operações com ficheiros e a manipulação de dados.

Sítios Web:

6. GeeksforGeeks Python File Handling - Fornece tutoriais e exemplos sobre várias operações de ficheiros em Python.

7. Documentação Python - Documentação oficial que abrange operações de ficheiros em Python, incluindo métodos para criação, escrita, adição, eliminação, atualização e modificação de dados em ficheiros.

Capítulo 4

Tratamento de erros e tratamento de excepções

4.1 Tipos comuns de erros

Em Python, os erros podem ocorrer por várias razões. Aqui estão alguns tipos comuns de erros encontrados por programadores Python:

SyntaxError: Ocorre quando o analisador Python encontra um erro de sintaxe, como um parêntese em falta ou uma indentação incorrecta.

IndentationError: Surge quando existe uma indentação incorrecta no código, violando as regras de indentação do Python.

NameError: Acontece quando o intérprete encontra um nome que não está definido no âmbito atual. Isto pode ocorrer quando se tenta aceder a uma variável ou função que ainda não foi definida.

TypeError: Ocorre quando uma operação ou função é aplicada a um objeto de um tipo inadequado. Por exemplo, tentar adicionar uma cadeia de caracteres a um número inteiro ou chamar uma função com o número ou tipo de argumentos errado.

IndexError: Surge quando se tenta aceder a um índice numa sequência (como uma lista ou tupla) que está fora do intervalo.

KeyError: Ocorre quando se tenta aceder a uma chave num dicionário que não existe.

ValueError: Ocorre quando uma operação ou função incorporada recebe um argumento com o tipo correto, mas com um valor inadequado. Por exemplo, a conversão de uma cadeia de caracteres num número inteiro quando a cadeia de caracteres não representa um número inteiro válido.

AttributeError: Surge quando se tenta aceder ou utilizar um atributo ou método que não existe para um determinado objeto.

FileNotFoundError: Ocorre quando se tenta abrir ou manipular um ficheiro que não existe ou não pode ser encontrado na localização especificada.

ImportError: Ocorre quando um módulo não pode ser importado, seja porque não existe ou porque há um problema com a instrução de importação.

ZeroDivisionError: Ocorre quando se tenta dividir um número por zero.

OverflowError e **MemoryError**: Ocorrem quando um cálculo excede os limites da memória ou das capacidades aritméticas do sistema.

4.2 Tratamento de excepções

O tratamento de excepções em Python é feito utilizando os blocos try, except e finally. Eis como funciona:

Sintaxe básica:

try: # Código que pode levantar uma exceção # Por exemplo: abrir um ficheiro, efetuar um cálculo, etc. except ExceptionType1: # Código para tratar a ExceptionType1 except ExceptionType2: # Código para tratar a ExceptionType2 else: # Bloco opcional que é executado se não forem levantadas excepções no bloco try finally: # Bloco opcional que é executado independentemente de ser ou não levantada uma exceção

Exemplo:

try: x = int(input("Introduza um número: ")) result = 10 / x print("Resultado:", resultado) except ValueError: print("Por favor introduza um número inteiro válido.") except ZeroDivisionError: print("Não é possível dividir por zero.") else: print("Não ocorreram excepções.") finally: print("A sair do programa.")

Explicação:

O bloco try contém o código que pode gerar uma exceção.

O bloco except capta excepções específicas e fornece código para as tratar. Podem ser utilizados vários blocos except para tratar diferentes tipos de excepções .

O bloco else é opcional e é executado se não ocorrerem excepções no bloco try.

O bloco finally também é opcional e é executado independentemente de ser ou não criada uma exceção. É normalmente utilizado para tarefas de limpeza, como o encerramento de ficheiros ou a libertação de recursos.

4.3 Blocos Try-Except

Os blocos try e except em Python são utilizados para o tratamento de excepções. Veja como eles funcionam:

try: # Código que pode levantar uma exceção # Por exemplo, abrir um ficheiro, efetuar cálculos, etc. except ExceptionType: # Código para tratar a exceção # Por exemplo, apresentar uma mensagem de erro, registar ou tomar medidas corretivas

Exemplo:

try: x = int(input("Introduza um número: ")) result = 10 / x print("Resultado:", resultado) except ValueError: print("Introduza um número inteiro válido.") except ZeroDivisionError: print("Não é possível dividir por zero.")

Neste exemplo:

O bloco try contém o código que pode levantar uma exceção, como a conversão da entrada do utilizador num número inteiro e a realização de uma operação de divisão.

Se ocorrer uma exceção dentro do bloco try, o Python procura um bloco except que lide com esse tipo específico de exceção.

Se a exceção corresponder a um dos tipos especificados no bloco except, o código correspondente é executado. Neste caso, se o utilizador introduzir um valor não-inteiro, ocorrerá um ValueError e será impressa a mensagem "Por favor, introduza um número inteiro válido". Se o utilizador introduzir zero, ocorrerá um ZeroDivisionError e será impressa a mensagem "Não é possível dividir por zero".

Se a exceção não corresponder a nenhum dos tipos especificados, propaga-se para o código circundante ou para o nível superior seguinte de tratamento de excepções.

Resumo do capítulo:

Em Python, os erros podem ter várias origens, e é crucial compreender os tipos comuns encontrados pelos programadores. Estes erros incluem SyntaxError, que ocorre quando o analisador detecta problemas de sintaxe como parênteses em falta ou indentação incorrecta. IndentationError surge da violação das regras de indentação do Python. NameError acontece quando se tenta aceder a um nome não definido no âmbito atual. TypeError ocorre quando uma operação ou função é aplicada a um tipo inadequado.

IndexError surge quando se acede a um índice fora do intervalo numa sequência. KeyError ocorre quando se tenta aceder a uma chave inexistente num dicionário. ValueError ocorre quando uma função recebe um argumento com um valor inadequado. AttributeError ocorre quando se tenta aceder a um atributo ou método não existente para um objeto. FileNotFoundError ocorre quando se manipula um ficheiro que não existe. ImportError ocorre quando um módulo não pode ser importado. ZeroDivisionError ocorre quando se tenta dividir um número por zero.

OverflowError e MemoryError ocorrem quando um cálculo excede os limites do sistema.

Para tratar excepções em Python, os programadores utilizam os blocos try, except, else e finally. Dentro de um bloco try, o código propenso a levantar excepções é incluído. Os blocos except correspondentes captam excepções específicas e fornecem código de tratamento. O bloco else é executado se não ocorrerem excepções no bloco try, enquanto o bloco finally é executado independentemente das excepções, sendo frequentemente utilizado para tarefas de limpeza. Por exemplo, num bloco try-except, se ocorrer um ValueError, indicando uma entrada não inteira, o bloco except trata-o solicitando ao utilizador uma entrada válida. Do mesmo modo, um ZeroDivisionError no mesmo bloco pode ser gerido informando o utilizador da impossibilidade de dividir por zero.

Referências:

Livros:

1 . "Learning Python" de Mark Lutz - Um guia completo para a programação em Python, incluindo capítulos sobre operações com ficheiros e manipulação de dados.

2 "Python for Data Analysis" de Wes McKinney - Centra-se na utilização de Python para tarefas de análise de dados, cobrindo extensivamente as operações de ficheiros e a manipulação de dados.

Sítios Web:

3 GeeksforGeeks Python File Handling - Fornece tutoriais e exemplos sobre várias operações de ficheiros em Python.

4 Documentação Python - Documentação oficial que abrange operações de ficheiros em Python, incluindo métodos para criação, escrita, adição, eliminação, atualização e modificação de dados em ficheiros.

MIX
Papier aus verantwortungsvollen Quellen
Paper from responsible sources
FSC® C105338

Printed by Books on Demand GmbH, Norderstedt / Germany